Données de catalogage avant publication (Canada)

Gagnon, Cécile, 1936-
Sortie de nuit
(Collection Plus)
Pour les jeunes de 9 à 12 ans.
ISBN 2-89428-304-0
I. Titre.
PS8513.A345E67 1998 jC843'.54 C98-940632-6
PS9513.A345S67 1998
PZ23.G33So 1998

L'éditeur a tenu à respecter les particularités linguistiques des auteurs qui viennent de toutes les régions de la francophonie. Cette variété constitue une grande richesse pour la collection.

Directrice de collection : **Françoise Ligier**
Maquette de la couverture : **Marie-France Leroux**
Composition et mise en page : **Lucie Coulombe**

Les Éditions Hurtubise HMH remercient le Conseil des Arts du Canada de l'aide apportée à son programme d'édition et remercient également la SODEC pour son appui.

Éditions Hurtubise HMH ltée
1815, avenue De Lorimier
Montréal (Québec)
H2K 3W6 CANADA
Téléphone : (514) 523-1523

ISBN 2-89428-304-0

Dépôt légal/3e trimestre 1998
Bibliothèque nationale du Québec
Bibliothèque nationale du Canada

Diffusion France : L'Élan Vert, 75005 Paris
Dépôt légal : août 1998, Bibliothèque nationale
ISBN 2-84455-031-2

Loi n° 49-956 du 16 juillet 1949 sur les publications destinées à la jeunesse.

Imprimé au Canada

SORTIE DE NUIT

Cécile Gagnon

Illustré par
Stéphane-Yves Barroux

Collection Plus
dirigée par Françoise Ligier

Cécile GAGNON est née à Québec. Elle a dirigé les cahiers Passe-Partout, la revue Coulicou et la collection Libellule aux Éditions Héritage. Elle a écrit de nombreux romans et albums pour les jeunes de même que des pièces de théâtre.
Ses ouvrages ont mérité de nombreux prix. *Sortie de nuit* est son 3e titre dans la collection Plus. Elle vient de publier *Québec, mille ans de contes* et *Contes traditionnels du Québec*, aux éditions Milan.
Cécile adore les randonnées, la natation et les voyages. Mais rien ne la comble autant que la lecture et l'écriture.

Stéphane-Yves BARROUX, l'illustrateur, avait fait sauter, pour notre plus grand plaisir, les moutons de Johanne Barrette (voir *Les moutons disent non*! Collection Plus). Toujours avec ses superbes lithogravures, il donne vie, cette fois, à Elvira dans *Sortie de nuit*. Il faut avouer que c'est loin d'être une tâche facile lorsqu'il s'agit d'un squelette! Mais le visage rond et les poses pensives d'Elvira nous font oublier qu'elle appartient au registre des morts et nous permettent même de l'imaginer petite fille! Stéphane-Yves a étudié le graphisme à Paris. Il travaille comme directeur artistique pour des agences de publicité.

J'adore me promener à pied dans la campagne. Parfois, je croise des chevreuils ou des outardes. Un jour, je suis tombée sur un petit cimetière embroussaillé, au bord d'une route, loin de tout village. Un nom sur une pierre tombale m'a entraînée dans une longue rêverie...

C'est là que cette histoire a pris forme. Et chaque fois que je repasse devant le cimetière abandonné, le chien de la ferme voisine jappe et grogne. Il sait que je parle de lui dans mon récit : il réclame peut-être des droits de figuration. Ou bien se demande-t-il si c'est moi qu'il voit, la nuit, se promener en compagnie d'un squelette?

1

Elvira

« Il faut me secouer et prendre l'initiative. Ça fait assez longtemps que j'y pense ! Assez d'années que je me prépare. Cette fois, j'y vais ! Puisque les autres sont trop peureux, je sortirai toute seule. Cette nuit ou jamais. On s'ennuie à mourir, ici ! »

Ce ne sont pas les mauvaises herbes qui manquent ni les cailloux ni le gravier humide, dans la terre du petit cimetière abandonné en bordure de la route 227. C'est là que se tient Elvira. Elle se parle à elle-même, interpellant les racines des pissenlits pour se donner du courage.

Ça fait belle lurette déjà que le bois de son cercueil en planches de pin s'est désintégré en minuscules copeaux, grâce aux vers voraces et aux assauts du gel.

Plus rien n'empêche Elvira et ses compagnons de se déplacer à leur guise sous les pierres tombales bien alignées. Les morts qui habitent la terre des cimetières ont un fameux privilège ! Une fois dépouillés de leurs chairs, ils ont le pouvoir magique de se promener sans qu'aucun obstacle ne leur résiste. Ils se glissent n'importe où, à la façon des courants d'air. Ils n'ont qu'un seul problème ; le cliquetis de leurs os trop secs éveille parfois les soupçons, mais ils s'en amusent.

Elvira a essayé de convaincre ses compagnons squelettes Mary Isabel et Jeremy, et même la jeune Amanda, de venir avec elle, mais ils refusent toujours.

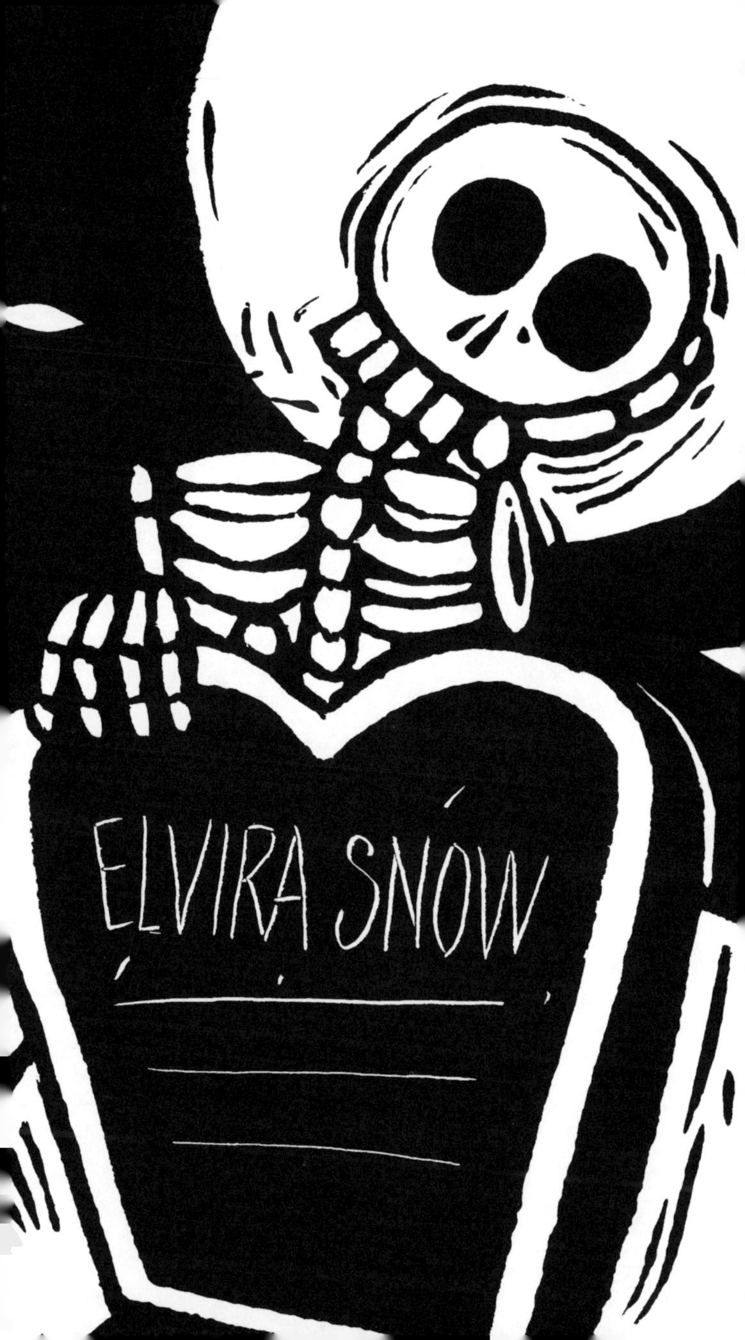
ELVIRA SNOW

2

Mandigo Corners

Autrefois, le cimetière faisait partie d'un village appelé Mandigo Corners ; en fait, c'était un petit hameau qui ne regroupait pas plus qu'une vingtaine de familles autour du magasin général de monsieur Mandigo. Dans le temps où Elvira y habitait, la vie était simple et routinière. Le père d'Elvira, Henry Snow, cultivait ses champs et les tâches ne manquaient pas.

Dès l'âge de quatorze ans, Elvira a commencé à travailler au magasin de monsieur

Mandigo. Elle y passait ses journées. Elle aimait bien peser la farine et le sucre et tailler des morceaux de coton à carreaux pour les robes des enfants.

Mais une trentaine d'années après son décès, le village de Mandigo Corners a été rayé de la carte. Il n'en reste que le cimetière, au bord de la route 227. La nuit, les ratons laveurs s'y réfugient pour grignoter leurs épis de maïs volés dans les champs voisins.

Les habitants de Mandigo Corners, des loyalistes de l'Empire uni, sont partis, l'un après l'autre, s'établir ailleurs. Certains sont retournés de l'autre côté de la frontière, dans le village d'où ils étaient venus. Le vent et la pluie ont lentement détruit leurs maisons de bois abandonnées, tout comme la forge et le magasin Mandigo.

Les bâtiments de ferme et les maisons du nouveau village au bout du chemin sont récents. Ils ont moins de cent ans. Les maisons n'y sont plus exclusivement en bois : elles sont en pierre, en brique et de toutes les couleurs. Maintenant, longeant la rue principale, se trouvent un garage, une banque, une école. Tout est très différent d'autrefois. À commencer par le nom du lieu, qui s'appelle Saint-Sébastien.

3

Saint-Sébastien

Chaque automne, à l'approche du 31 octobre, Elvira fait le tour du vieux cimetière et demande à chacun :

— Cette fois, vous venez ? On peut retourner sur le site de nos demeures ! Moi, je sais exactement où était la mienne ! Allez, Amanda, Lucy Ann ! Venez ! C'est notre grande nuit de sortie ! Notre *All Hallows Eve* : la veille de la Toussaint !

Mais les squelettes du cimetière, même les plus actifs et les plus dégourdis, disent toujours non. Elvira sait, au fond, pourquoi ses voisines, Amanda et Lucy Ann, ne veulent pas sortir de terre et aller se promener à Saint-Sébastien avec elle.

« Elles ont peur, parce qu'elles ne parlent pas français. Ça les effraie de savoir qu'elles ne pourront pas lire les pancartes et qu'elles ne sauront pas répondre, si quelqu'un leur parle », pense Elvira.

C'est vrai que le pays a bien changé depuis cent quarante-six ans qu'Elvira loge sous terre. Ça s'est fait en douceur au fil de longues années; dans toute la région, l'héritage des loyalistes de l'Empire uni s'est effrité petit à petit. Une nouvelle population s'est installée. Les gens ont construit leurs propres villages et planté du maïs dans les champs. Ils parlent une autre langue. Ce sont des francophones.

Elvira s'est rendu compte de ces changements, les quelques fois où elle a osé faire une petite virée dans les environs. Car son envie de se promener et de se divertir ne date pas d'hier. À force d'écouter aux portes et d'écornifler derrière les granges, elle sait qu'on parle français dans toute la région et que les drapeaux qu'on hisse sont bleus au lieu d'être rouges ! Les habitants s'appellent maintenant des Québécois.

4

Les cours de français

Une nuit, Elvira est allée trouver Nanette. Nanette est une résidante du cimetière qui a conservé, malgré son état de décrépitude, sa magnifique chevelure rousse. On la remarque encore parmi les morts enterrés là depuis cent ans !

Il faut dire que Nanette, la femme de monsieur Tipping, était française. À l'époque, les habitants de Mandigo Corners n'aimaient vraiment pas ça. « Une dévergondée, chuchotait-on, qui se trémousse le derrière et puis tellement aguichante avec sa chevelure de feu ! »

Mais les ragots sont oubliés. Elvira a traversé tout le cimetière pour rejoindre le lot où se tenait Nanette. Elle lui a dit :

— Nanette, je m'ennuie tellement à ne rien faire, je voudrais que vous m'appreniez le français.

Et c'est ainsi que pendant 90 ans, tous les matins, été comme hiver, Elvira est allée

jusque sous la pierre tombale de Nanette pour prendre des cours de français. Nanette avait récupéré une planche de cercueil encore intacte pour en faire une tablette qu'Elvira posait sur ses genoux. Assise sur une grosse racine d'arbre, Nanette lui dictait des mots et des phrases qu'Elvira transcrivait avec un clou rouillé.

Certains de ces mots lui donnaient du fil à retordre. Un jour, Nanette lui apprit le mot ver. Ce mot-là, on le connaissait par ici ! Des vers, il y en avait de toutes les tailles et de tous les appétits. On peut dire que les vers étaient, avec les taupes, les seuls visiteurs de l'extérieur.

VER, a écrit Elvira sur sa tablette. Puis Nanette lui a demandé de mettre le mot au pluriel. VERS a écrit Elvira. Enfin Nanette, qui lui faisait réciter de jolies poésies tout en faisant claquer les os de ses avant-bras pour scander les rimes, lui fit répéter quatre VERS :

Nous irons vers la mer
Sur les ailes du vent
Dans une barque de verre
Voir le soleil couchant.

— Au secours ! cria Elvira. Je ne comprends plus rien. Il y a trop de vers !

Nanette s'est beaucoup amusée de son petit jeu de mots : elle adorait jouer des

VER
VERT
ERRE
VERS

tours. Après, elle a expliqué à Elvira, à l'aide d'exemples farfelus, le sens de tous les « vers », y compris celui qu'elle avait gardé pour la fin : vair. Et pour la récompenser de sa parfaite attention, elle lui a raconté sa version de Cendrillon et de sa pantoufle de vair.

L'apprentissage a été long, mais Elvira était tenace et studieuse. Nanette, contente de son élève, lui a remis un vrai diplôme enroulé sur un tibia, qui disait :

Elvira Snow
a passé avec succès
les examens de français
de l'Académie de Versailles.

Ce n'était pas tout à fait vrai, mais c'était pour rire. Nanette a toujours adoré rire et s'amuser.

5

La danse des squelettes

Maintenant Elvira parle parfaitement le français (quatre-vingt-dix ans de leçons, ça rend quelqu'un bilingue, n'est-ce pas ?) et elle se sent tout à fait prête à se joindre aux humains, le soir de cette fête qu'elle aime tant : l'Halloween. Car en plus d'être à l'aise pour converser, elle a tout un répertoire de blagues. Ce n'est pas rien quand on débarque dans un nouveau milieu !

Il faut dire qu'Elvira Snow nourrit depuis longtemps un espoir dont elle s'est bien gardée de parler. Un projet qu'elle tient secret : trouver enfin un lieu, une occupation peut-être, qui lui permettrait de changer de vie. Elle en a assez de croupir dans un cimetière, en compagnie de fantômes indifférents. Elle a envie de nouveauté, d'amitiés folles, d'horizons nouveaux.

Ce soir, il fait un vent épouvantable dehors, et même à un mètre sous terre, on entend les branches craquer et les feuilles séchées rouler en tourbillons sur la route.

À minuit, quand tout se calme, Elvira ajuste sa longue pèlerine noire à capuchon et s'élance hors du sol. Les paquets d'os du cimetière la regardent passer sans broncher. « Tant pis pour ces empotés », pense-t-elle en riant.

Elle traverse le champ labouré et, avec précaution, s'approche d'une maison éclairée par une lanterne creusée dans une citrouille. Un chien jappe et signale sa présence. Elvira avance, attirée par la musique sautillante qui jaillit à travers les murs. Elle monte sur la galerie et, par la fenêtre, regarde à l'intérieur.

Plusieurs êtres humains dansent au son de la musique. Elle les examine comme il faut. Ils sont vêtus de costumes étranges ; certains portent des chapeaux pointus, d'autres des masques qui cachent leurs visages. Ce sont des jeunes d'à peu près son âge. Elvira aimerait bien danser avec eux.

Tout à coup, le chien grogne méchamment et elle voit luire ses crocs dans le noir. Va-t-il déchirer son vêtement ? Elle hésite et s'interroge : « Je devrais peut-être me glisser à travers le mur ? »

À cet instant, dans la maison, un personnage qui lui ressemble, un squelette coiffé d'un chapeau haut-de-forme, l'aperçoit. Il la montre du doigt à ses amis

et sort aussitôt sur la galerie. Il l'entraîne dans la maison en disant :

— Oh, toi, le squelette ! Ton déguisement est super ! Viens fêter l'Halloween avec nous.

Puis, s'adressant à ses amis, il dit :

— Eh, regardez, je me suis trouvé un partenaire !

6

Une joyeuse tournée

Elvira ne se fait pas prier. Elle entre. Elle est aussitôt accueillie par des hourras ! Elle danse et fait semblant de croquer des friandises. Elle écoute les blagues et s'efforce d'employer le même genre de langage. « Ces jeunes ont une façon bien agréable de célébrer la nuit des âmes errantes », pense-t-elle.

Puis, le squelette au chapeau qu'on appelle Robert, déclare à l'assemblée qu'il est temps d'aller faire un tour au village.

— Sautez dans la camionnette ! On s'en va faire une petite tournée.

— On va aller réveiller les dormeurs ! lance l'un des danseurs.

Tout le monde sort de la maison et s'entasse à l'arrière de la camionnette. L'idée de monter à bord d'un de ces engins rend Elvira un peu craintive. Un véhicule à moteur, pensez-donc ! Elle n'en a jamais vu de sa vie ! « Comment est-ce que ça peut avancer puisqu'il n'y a pas de cheval devant ? » se demande-t-elle. Mais elle essaie de ravaler son inquiétude et, surtout, de ne pas laisser paraître sa surprise. Elle rabat les pans de sa pèlerine pleine de trous du mieux qu'elle peut et cache ses yeux vides sous son capuchon. Puis, elle grimpe hardiment dans la camionnette qui part en pétaradant.

Ses compagnons la bousculent un peu et ses os font un affreux vacarme sur le

plancher métallique, mais on ne s'aperçoit de rien. Robert lui dit :

— Ton déguisement est vraiment très réussi. Même tes pieds ont l'air de vrais os ! Comment as-tu fait ?

— Oh ! c'est ossement simple, répond Elvira d'un ton enjoué. Il suffit d'avoir les pieds morts !

— Ha, ha ! Que tu es drôle !

« Si tout le monde se met à me poser de telles questions et à m'examiner, qu'est-ce que je vais faire ? » se demande Elvira avec inquiétude.

Heureusement pour elle, le village est tout proche et la camionnette s'arrête. Toute la troupe saute à terre et se disperse autour des habitations en faisant du bruit et en frappant aux portes de façon sinistre. Elvira fait comme eux en évitant les lampadaires qui l'éclairent un peu trop. Quelques lumières s'allument, des rideaux s'agitent.

7

Un travail de nuit

Un petit groupe se dirige vers une enseigne éclairée. Robert s'approche d'elle et dit, tout bas :

— Nous deux, les squelettes, on va rendre visite au gars du dépanneur. Il va avoir la frousse en nous voyant !

Elvira se demande bien ce que c'est qu'un « dépanneur ». Elle hésite un instant puis, voyant que Robert indique l'enseigne, elle s'empresse de lire : *Dépanneur Couchetard*. Elle n'est pas plus avancée.

Robert tire sur son vêtement et chuchote de plus belle :

— Viens ! chut…

Elvira ne peut pas reculer ni se sauver sans éveiller la curiosité. « Et puis, se dit-elle, après tout, je suis venue pour ça ! »

Elle s'approche de la maison à l'enseigne lumineuse. Le gars du dépanneur… Qu'est-ce que ça peut bien vouloir dire? Et tout à coup, elle comprend qu'un dépanneur est un magasin ! Une espèce de magasin avec des tablettes remplies de marchandises de toutes sortes, comme le magasin général Mandigo, autrefois. Il est juste plus grand, plus éclairé et il contient de grandes glacières avec des portes transparentes. Étranges glacières, pourra plus tard constater Elvira en ouvrant une porte, car on n'y trouve pas le moindre petit bloc de glace !

Robert se poste devant la vitrine et gesticule, tentant de faire peur au propriétaire

qui, à l'intérieur, lit tranquillement le journal.

Elvira s'avance vers la porte vitrée et frappe plusieurs fois avec les os d'une main recouverte du tissu de sa pèlerine. L'homme à l'intérieur lui lance un coup d'œil inquiet. Puis il lui sourit, tandis que Robert pousse des hululements de chouette pas très réussis. Elvira, alors, remarque une annonce placardée sur la vitre :

Vendeur ou vendeuse demandé(e)
s'adresser ici

— Quelle chance ! s'écrie Elvira qui saisit la poignée délicatement en prenant bien soin de ne pas entrechoquer les os de ses phalanges.

— Tiens ! Une âme en peine, fait l'homme. Vous voulez des bonbons ?

— Non, je viens pour l'annonce, dit Elvira d'une voix assurée, en cachant le bout de ses pieds sous le comptoir.

VENDEUR
VENDEUSE

— Ah ! bon, faut le dire ! Avez-vous de l'expérience ?

— Oui, j'ai travaillé quatre ans dans un magasin…

— Très bien. J'ai besoin de quelqu'un tous les jours ; on parlera des congés plus tard.

— Ça me va.

— De 19 heures à 2 heures du matin. Un travail de nuit, le magasin n'est pas très achalandé. On s'ennuie parfois… ça ne vous fait pas peur ?

— Pas du tout, j'ai l'habitude, répond Elvira.

— Bon, alors, je vous engage. Vous commencerez lundi. Comment vous appelez-vous ?

— Elvira… Elvira euh… Arsenault.

— Joli prénom, Elvira. Arsenault… vous êtes du coin, ça s'entend. C'est parfait. Lundi, 19 heures ?

— D'accord, Monsieur.

— Ah ! J'oubliais, vous parlez anglais ? Parce qu'il y a beaucoup d'Américains qui passent ici. La frontière n'est pas loin.

— Pas de problème. Je suis parfaitement bilingue.

— Bon, tant mieux, à lundi alors. Puis, ajoute l'homme en riant, vous retirerez votre déguisement pour travailler, bien sûr.

8

Un cri d'horreur dans la nuit

Elvira fait un vague signe de la tête et sort rejoindre Robert. Ils dansent jusqu'aux petites heures dans la maison du bout du rang. Puis, le matin venu, sans se faire voir, Elvira s'échappe et retourne sous terre, dans le vieux cimetière.

Lundi, toute la journée, Elvira se prépare. Avec Nanette, elle répare les trous de sa pèlerine, s'assure que ses os tiennent bien en place et qu'ils ne cliquettent pas trop quand elle bouge. Nanette lui a déniché une vieille paire de bottines qu'elle enfile avec plaisir.

Le soleil se couche tôt. Il pleut et il fait déjà nuit à 18 heures. Elvira ne sait plus quoi faire pour tromper son impatience. Elle vérifie encore une fois que ses os ne vont pas se détacher au moindre heurt. Elle rattache les lacets de ses bottines.

Puis enfin, c'est l'heure. Elvira sort du cimetière et, en un rien de temps, elle se présente à la porte du dépanneur. L'offre

d'emploi est encore placardée sur la porte. Elle entre et dit à l'homme qui l'attend manifestement pour rentrer chez lui :

— On pourrait enlever l'annonce...

— C'est vrai, Elvira, maintenant que vous êtes là !

Elvira essaie de l'arracher. Mais le papier collant résiste. Voyant qu'elle n'y arrive pas, l'homme vient à son aide. Il tire de son côté ; le papier se déchire et l'homme touche la main d'Elvira. Ses doigts se referment sur les os secs. Il retire vivement sa main et relève la tête. Il regarde Elvira et sa bouche s'ouvre toute grande. Sans un mot, la bouche toujours ouverte, il dégringole les marches. Puis, sans se retourner, il s'élance sur le trottoir et s'enfuit à toutes jambes.

VENDEUR

L'instant d'après, un cri d'épouvante retentit dans la nuit de novembre, terrifiant tous les habitants de Saint-Sébastien et des alentours. Même les morts enfouis au fond de la terre du vieux cimetière de Mandigo Corners l'ont entendu ! Quant au chien de la ferme d'en face, il a été secoué de frissons jusqu'au matin.

AA

Table des matières

LE PLUS DE *Plus*

Réalisation :
Sébastien Rock

Une idée de
Jean-Bernard Jobin
et Alfred Ouellet

Canada
Québec
Québec
Montréal
Sherbrooke
Nouveau-Brunswick
Boston
New York
États-Unis
1
2
3
4
5
6
7
8
Canada
Nouvelle-Angleterre
1. Estrie
2. Connecticut
3. Maine
4. Massachusetts
5. New Hampshire
6. Rhode Island
7. Vermont
8. État de New-York

Avant la lecture

L'état des lieux

L'histoire se déroule au Québec, dans une région qu'on appelle Estrie ou Haut-Richelieu. Mais dans cette histoire, on parle aussi de la Nouvelle-Angleterre, une région des États-Unis voisine du Canada. Regarde bien la carte et réponds aux questions :

1. Quelle est la ville principale de cette région du Québec qu'on appelle l'Estrie ?
   a. Sherbrooke
   b. Toronto
   c. Trois-Rivières
2. Quelle est la ville principale de Nouvelle-Angleterre ?
   a. Dallas
   b. Boston
   c. Washington
3. Quels sont les états américains de Nouvelle-Angleterre qui ont une frontière avec le Québec ?
   a. Connecticut
   b. Maine
   c. Massachusetts
   d. New Hampshire
   e. Rhode Island
   f. Vermont
   g. État de New-York

L'Histoire qui a dessiné les frontières et décidé des langues que nous parlons.

Voici quelques petits rappels historiques qui devraient te permettre de mieux comprendre les détails de l'histoire d'Elvira :

- Avant la guerre d'Indépendance (1775-1783), la partie est des États-Unis actuels était composée de 13 colonies placées sous l'autorité du roi d'Angleterre.
- Le 4 juillet 1776, Thomas Jefferson fait adopter par le Congrès continental la déclaration d'Indépendance qui rejette l'autorité du roi d'Angleterre.
- La guerre d'Indépendance prend fin par la signature du traité de Versailles (avril 1783) par lequel l'Angleterre accepte de reconnaître l'indépendance de ce territoire qui va prendre le nom d'États-Unis d'Amérique.

Voilà pourquoi on parle anglais aux États-Unis.

- Cependant certains colons de Nouvelle-Angleterre, pour demeurer fidèles au roi d'Angleterre, traversèrent la frontière et s'installèrent au Canada, surtout dans le sud du Québec et dans la province du Nouveau-Brunswick. Ces loyaux sujets de sa Majesté le roi d'Angleterre furent appelés les loyalistes.

- En 1763, par le traité de Paris, la France avait cédé le Québec à l'Angleterre. Il y avait donc au Québec des gens qui parlaient français et des gens qui parlaient anglais.

Voilà pourquoi Elvira, sa famille et les **loyalistes** en général parlent anglais.

Voilà qui explique que Nanette, la femme de monsieur Tipping, parle français.

- Actuellement, selon la Charte québécoise des droits et libertés, le français est la langue officielle du Québec.

Un personnage et son histoire

En regardant ton livre, son titre, le texte au dos de la couverture et ses illustrations, tu peux te faire une idée de l'histoire et de son personnage principal.
Quelle est la phrase qui décrit le mieux le personnage principal et résume bien l'intrigue ?

1. Une jeune fille du nom d'Elvira profite d'un déguisement le soir de l'Halloween pour cambrioler un magasin.

2. Les amis d'une jeune fille, appelée Elvira, veulent lui faire oublier sa grave maladie en l'emmenant danser le soir de l'Halloween.

3. Une jeune Américaine, du nom d'Elvira, veut acheter un cimetière pour construire un supermarché.

4. Une jeune fille qui a vécu au 18e siècle s'ennuie dans sa tombe et veut quitter son cimetière une nuit d'Halloween.

5. Un jeune homme, déguisé en squelette, veut passer clandestinement la frontière entre le Québec et les États-Unis, un soir d'Halloween.

Au fil de la lecture

Pour faire une histoire courte...

L'histoire d'Elvira a commencé il y a plus de cent cinquante ans. Pendant tout ce temps, beaucoup d'événements se sont déroulés. Aide Elvira à remettre en ordre les moments de son histoire.

1. Elvira apprend le français avec Nanette.
2. Le village est rebaptisé Saint-Sébastien.
3. En pleine nuit, les habitants de Saint-Sébastien se font réveiller par un cri d'horreur.
4. Elvira Snow quitte son cimetière pour aller danser.
5. Un soir d'Halloween, un vrai et un faux squelette vont au Dépanneur Couche-tard.
6. Elvira, fille du loyaliste Henry Snow, travaille au magasin de M. Mandigo.
7. Mandigo Corners se vide de ses habitants.

Vrai ou faux

1. Le travail ne fait pas peur à Elvira.
2. Le village d'Elvira est toujours resté le même.
3. Les autres morts ne vont jamais au village.
4. Elvira a appris le français rapidement.
5. Nanette est vivante.
6. Robert invite Elvira à passer l'Halloween avec lui.
7. Elvira peut travailler parce qu'elle est bilingue.
8. L'homme du dépanneur n'a jamais eu peur d'Elvira.

Au secours d'Elvira

Il existe en français des mots qui se prononcent de la même façon mais qui n'ont pas le même sens : ce sont des **homonymes**.
Voici les homonymes de « ver ». Relie le mot avec sa ou ses définitions.

1. ver (du latin *vermis*)
2. vert (du latin *viridis*)
3. vers (du latin *versus*)
4. verre (du latin *vitrum*)
5. vair (du latin *varius*)

a. Couleur des arbres et de l'espérance.

b. Substance dure et transparente, de structure vitreuse.
Contenant pour boire ; parfois aussi le contenu.

c. Petit animal long et mou, de forme cylindrique et sans patte.

d. Indique la direction ou l'entourage.
La poésie ne peut s'en passer.

e. Fourrure d'un petit écureuil de Russie qui servit à faire la pantoufle de Cendrillon.

Parmi ces homonymes, un seul n'est pas mentionné dans l'apprentissage d'Elvira. Lequel ?

Après la lecture

All Hallow's Eve et fête des morts : à ne pas confondre.

La nuit de l'**All Hallow's Eve** (veille de la Toussaint) devenue la nuit de l'**Halloween** est, selon la légende d'origine celte, la nuit durant laquelle squelettes, fantômes et sorcières s'en donnent à cœur joie avant que l'hiver n'arrive.

Actuellement, partout en Amérique du nord, dès que la nuit est tombée **le 31 octobre**, des enfants déguisés passent de maison en maison pour faire peur et menacer de jeter un sort si on ne leur donne pas une friandise ou un peu d'argent. Les adultes aussi s'amusent parfois ce soir-là en organisant des rencontres ou des bals costumés.

Pour les catholiques, le 1er novembre c'est la **Toussaint**, la fête de tous les saints, et le 2 novembre, **le jour des morts**. En France le jour de la Toussaint est férié, mais ce n'est pas le cas en Amérique du nord.

Sais-tu à quelle date on célèbre les morts dans d'autres pays que le tien ?

Les fêtes des morts

On fête les morts un peu partout dans le monde et les rites de célébration sont très variés.

En France on visite les cimetières et on dépose sur les tombes des fleurs, le plus souvent des chrysanthèmes. Il convient donc d'éviter d'offrir cette belle fleur à vos amis.

Au Mexique, pour la **Noche de los muertos** on allume des bougies sur les tombes et on dépose dans les cimetières de la nourriture et des friandises pour les morts.

Au Japon, on décore les tombes de fleurs et de lanternes et on offre chez soi un repas aux défunts sur un petit autel.

Au Guatemala, ce jour-là, on fait flotter dans le ciel des cerfs-volants ronds.

En France, au Mexique, au Japon, au Guatemala et partout ailleurs, il y a bien sûr beaucoup de variantes en fonction des croyances ou des choix de chacun.

Les cimetières

En fonction des cultures, des religions ou de choix personnels, les rites funéraires varient. Elvira fut enterrée dans un cimetière.

Dans les cimetières, placés souvent autour des églises ou en périphérie des agglomérations, les tombes occupent un espace avec une plaque sur laquelle sont gravés nom, dates et parfois une pensée ou une citation, avec des sculptures, des croix ou des fleurs selon les cas.

En Suède, on plante souvent un sapin sur les tombes alors qu'à Madagascar ou dans certaines régions d'Europe centrale on dessine des scènes de la vie du défunt sur des stèles ou des poteaux.

À Paris, il existe un cimetière célèbre, le cimetière du Père-Lachaise. Dans ce lieu calme et verdoyant ont été enterrés des personnages illustres.

Fais une petite recherche à la bibliothèque ou en consultant des personnes de ton entourage pour découvrir d'autres rites funéraires, d'autres façons d'honorer les morts.

Les trois pyramides de Gizeh sont situées près de la ville du Caire en Égypte. Elles servent de tombeaux aux pharaons Kheops, Khephren et Mykerinus.

Des mots, des os

Aide le squelette de la page suivante à retrouver ses différents os, énumérés ci-dessous.

a. le cubitus
b. le bassin
c. l'os de l'épaule
d. le tibia
e. l'os du pied
f. les vertèbres
g. la rotule
h. les côtes
i. le carpe
j. l'humérus
k. le crâne
l. le sternum
m. le péroné
n. la colonne vertébrale
o. le fémur
p. le radius
q. les os des doigts
(phalanges, phalangines, phalangettes)

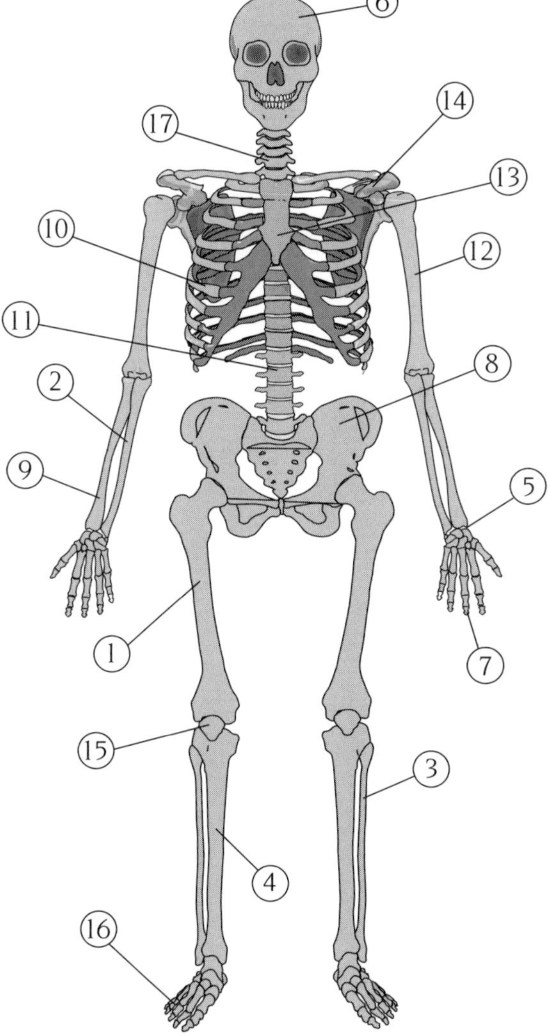
6
17
14
13
10
12
11
2
8
9
5
1
7
15
3
4
16

Solutions

Avant la lecture

L'état des lieux

1. a ; 2. b ; 3. b, d, f.

Un personnage et son histoire

4.

Au fil de la lecture

Pour faire une histoire courte...

6 ; 7 ; 2 ; 1 ; 4 ; 5 ; 3.

Vrai ou faux

1. V ; 2. F ; 3. V ; 4. F ; 5. F ; 6. V ; 7. V ; 8. F.

Au secours d'Elvira

1. c ; 2. a ; 3. d ; 4. b ; 5. e.
vert : la couleur

Après la lecture

Des mots, des os

a. 9 ; b. 8 ; c. 14 ; d. 4 ; e. 16 ; f. 17 ; g. 15 ; h. 10 ; i. 5 ; j. 12 ; k. 6 ; l. 13 ; m. 3 ; n. 11 ; o. 1 ; p. 2 ; q. 7.

Dans la même collection

Premier niveau

- **Anatole, le vampire**
  Marie-Andrée Boucher
  et Daniel Mativat
- **L'Araignée souriante**
  Laurent Chabin
- **Chats qui riment**
  et rimes à chats
  Pierre Coran
- **Chèvres et Loups**
  Lisa Carducci
- **Le Cosmonaute oublié**
  Marie-Andrée et
  Daniel Mativat
- **Le Dossier vert**
  Carmen Marois
- **L'Écureuil et le Cochon**
  Micheline Coulibaly
- **Elsie, la chèvre**
  orgueilleuse
  Louise Perrault
- **L'Escale**
  Monique Ponty
- **Le Fantôme du rocker**
  Marie-Andrée et
  Daniel Mativat
- **L'homme qui venait**
  de la mer*
  Robert Soulières
- **Lili et Moi**
  Claudie Stanké
- **Ma voisine, une sorcière**
  Jeannine Bouchard-
  Baronian
- **La Peur de ma vie**
  Paul de Grosbois
- **Le Roi gris**
  Mireille Brémond
- **Les Trois Souhaits**
  Marie-Thérèse Rouïl
- **Ulysse qui voulait**
  voir Paris
  Monique Ponty
- **Une journée à la mer**
  Marie Denis

- **Jonas, le requin rose**
  Yvon Mauffret
- **Le Bonnet bleu**
  Christiane Duchesne
- **Kouka**
  Missa Hébié
- **Manuel aux yeux d'or**
  Isabelle Cadoré Lavina
- **Le Mendigot**
  Fatima Gallaire
- **Le Monde au bout**
  des doigts
  Marie Dufeutrel
- **Les moutons disent non !**
  Johanne Barrette
- **Rose la rebelle**
  Denise Nadeau
- **Sonson et le Volcan**
  Raymond Relouzat
- **Un prétendant valeureux**
  Georges Ngal
- **Viva Diabolo !***
  Monique Ponty
- **Zoé et les Petits Diables**
  Sylvain Trudel

Deuxième niveau

- **Aventure à Ottawa**
  Doumbi Fakoly
- **Le Cyclone Marilyn**
  Gisèle Pineau
- **Espaces dans le temps**
  Janine Idrac
- **Le Homard voyageur**
  Cécile Gagnon
- **L'Inconnue du bateau**
  fantôme
  Colette Rodriguez
- **Mannequin noir dans**
  barque verte
  Évelyne Wilwerth
  suivi de
  Le Carnaval de Venise
  Andrzej Kosakiewicz
- **Meurtre en miroir**
  Irina Drozd

- • **La Mouette**
  Irina Drozd
- • **Pourquoi les plantes ne se déplacent pas**
  Assamala Amoi
- • **Sortie de nuit**
  Cécile Gagnon
- • **Une barbe en or***
  Cécile Gagnon
- • **Zigzag le zèbre**
  Paul-Claude Delisle
- ■ **L'Auberge du fantôme bavard**
  Susanne Julien
- ■ **L'Almanach ensorcelé**
  Marc Porret
  suivi de
  L'Espace d'une vengeance
  Véronique Lord
- ■ **CH. M. 250. K**
  Nicole Vidal
- ■ **La Chienne aztèque**
  Louise Malette
- ■ **Le Cœur entre les dents**
  Monique Ponty
- ■ **La Fresque aux trois démons**
  Daniel Sernine
- ■ **Le Galop du Templier***
  Anne-Marie Pol
- ■ **Mamie Blues**
  Grégoire Horveno
- ■ **La Nuit mouvementée de Rachel**
  Marie-Andrée Clermont
- ■ **Une voix dans la nuit**
  Marie Angèle Kingué
- ■ **Une vraie famille**
  Irina Drozd
- ■ **Le Vieil Homme et le Petit Garnement**
  Caya Makhele

Troisième niveau

- • **Crinière au vent**
  Poésies du Canada francophone
  Marcel Olscamp
- • **La Forêt de métal**
  Francine Pelletier
- • **Lorient-Québec**
  suivi de
  L'Esclave blanche de Nantes
  Leïla Sebbar
- • **M'en aller**
  Claude Rose et Lucien-Guy Touati
- • **La Parole nomade**
  Poésies francophones
  Bernard Magnier
- • **La Rose des sables**
  Nadia Ghalem
- • **Le Sourire de la dame de l'image**
  suivi de
  Le Secret des pivoines
  Madeleine Gagnon *et de*
  Les Deux Maisons
  Esther Rochon
- • **Un matin pour Loubène***
  Pius Ngandu Nkashama
- ■ **Les 80 Palmiers d'Abbar Ben Badis**
  Jean Coué
- ■ **Le Baiser des étoiles**
  Jean-François Somain
- ■ **La Chambre noire du bonheur**
  Marguerite Andersen
- ■ **Le Chant de la montagne**
  Fatima Gallaire
- ■ **Enfance, enfance**
  Rabah Belamri *suivi de*
  Le Locataire
  Elsa Mazigi *et de*
  Les Enfants du lac Tana
  Pius Ngandu Nkashama
- ■ **L'Homme du Saint-Bernard**
  Monique Ponty
- ■ **Portraits de famille***
  Tiziana Beccarelli-Saad
- ■ **Poursuite...**
  Marie-Andrée Clermont

• **Niveau facile**
■ **Niveau intermédiaire**

* Texte également enregistré sur cassette.